메타버스
META북

01 메타버스란 무엇일까요?

Meet 개념 만나기

메타버스의 개념을 만화를 통해 알아봅시다.

영화에서처럼 VR 기기를 쓰고
새로운 세상에 들어가는 것이
메타버스구나.

물론 그것도 맞아.

그런데 너희가 배달을 시켰을 때
배달기사님이 어디쯤 오는지도
현실과 가상이 연결된
메타버스로 볼 수 있어.

오, 그래? 그럼
캐릭터 카드를 휴대폰 앱으로
비추어서 나오는 AR도?

맞아. 맞아.

친구들과 온라인에서 주고받는
SNS도 모두 메타버스에 포함이 된단다.

우와. 메타버스는
가상과 현실을 연결하는
모든 세계를 뜻하는 거구나.

Express 쉽게 표현하기

메타버스는 메타(Meta)와 버스(Verse)를 합친 말로, 가상세계를 뜻합니다. VR 기기를 착용하여 가상세계로 들어가는 것부터 배달 중인 오토바이의 위치를 보는 것까지 모두 포함합니다. 현실과 가상이 함께 하는 세계를 가상세계라고 합니다.

Test 개념 확인

메타버스 용어와 그 뜻을 선으로 바르게 연결해 봅시다.

메타버스 ●	● Meta와 Verse가 합쳐진 말로 가상세계를 뜻한다.
AR ●	● 가상현실을 뜻하며, 이미지뿐 아니라 주변 환경까지 모두 가상으로 보여주는 기술을 뜻한다.
VR ●	● 증강현실을 뜻하며, 현실세계에 가상의 이미지를 보여주는 기술을 뜻한다.

Act 창의적 활동

아래의 내용을 참고하여 생활 속 메타버스를 소개하는 광고 스토리보드를 제작해 봅시다.

<예시> 생활 속 메타버스: 지도를 보고 알 수 있는 택시의 위치

| 급하게 이동해야 할 일이 있어 택시를 잡는데 택시가 잡히지 않는다. | 택시 앱을 통해 택시를 잡는 데 성공한다. | 택시가 오는 모습을 살펴보고, 나에게 맞는 택시를 탄다. |

스토리보드란?
영상을 만들기 위해 영상의 이미지와 설명을 미리 적어 광고의 흐름을 나타내는 것.

생활 속 메타버스

AR 카드 / VR 기기 / 지도에서 정보찾기 / SNS

선택한 메타버스	
광고 제목	
광고 흐름	

이미지	설명

무엇을 알아볼까요? 메타버스에서 지켜야 할 예절에 대해 알아봅시다.

 **Meet** 개념 만나기

메타버스에서 지켜야 할 예절을 알아 봅시다.

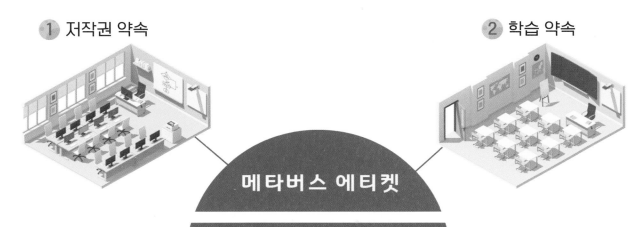

① 저작권 약속

② 학습 약속

메타버스 에티켓

메티켓

길을 따라 각 교실로 가서
메티켓을 익히고
메티켓 퀴즈를 풀어보세요.

③ 대화 약속

④ 검색 약속

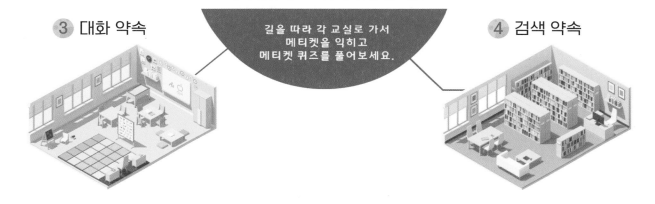

① 저작권 약속	저작권 활용 범위 확인하고 사용하기	저작권 침해에 해당되는지 확인하고 사용하기
② 대화 약속	기분 나쁘거나 위험한 일이 발생했을 때 어른들께 말하기	바르고 고운 말 사용하기
③ 학습 약속	학습에서만 활용하기	게임 등 다른 활동하지 않기
④ 검색 약속	메타버스 안에서 검색할 때 긍정적인 단어로 검색하기	수업시간과 관련있는 내용만 검색하기

Express 쉽게 표현하기

메타버스는 온라인 공간이기 때문에 다양한 사람을 만날 수 있습니다. 우리의 안전하고 행복한 메타버스 생활을 위해 서로 예절을 지키는 것이 필요합니다.

Test 개념 확인

메타버스 예절에 대한 설명으로 옳은 것에는 ○, 틀린 것에는 X를 표시해 봅시다.

① 인터넷에 돌아다니는 사진은 모두 저작권이 없으므로 사용해도 된다.   (   )

② 기분이 나쁘거나 위험한 일이 있을 때에는 혼자 해결한다.   (   )

③ 메타버스를 학습에 활용할 때는 학습에만 활용할 수 있도록 노력한다.   (   )

④ 메타버스 관련 검색을 할 때 부정적인 내용만 검색한다.   (   )

정답: ① X ② X ③ ○ ④ X

Act 창의적 활동

나만의 메타버스 예절 사전을 만들어 봅시다.

<예시>

메타버스에서는 바르고 고운 말을 사용해야 합니다. 바르고 고운 말을 사용해야 모두가 즐겁고 안전하게 활동에 참여할 수 있기 때문입니다.

메타버스에서 자료를 활용할 때에는 저작권에 침해되지 않는지 확인해야 합니다. 저작권자의 허락을 받지 못하면 활용하지 말아야 합니다.

그림		
글		
그림		
글		

03 ZEP을 알아볼까요? (1)

 개념 만나기

메타버스 ZEP 이용방법을 알아봅시다.

Q Zep	**1. ZEP 접속하기** 포털 사이트에 'ZEP'을 검색하거나 크롬, 엣지 주소창에 http://zep.us를 입력하여 사이트로 이동한다.
ZEP 로그인 G 구글로 로그인하기 웨일 스페이스로 로그인하기 or 이메일 이메일 이메일로 로그인	**2. 로그인하기** 구글 또는 웨일 스페이스가 기존에 가입되어 있다면 바로 로그인이 가능하다. 없는 경우에는 이메일 주소를 입력하고, 메일로 전송된 입력코드를 그대로 입력하여 로그인할 수 있다. 학교용 웨일 스페이스 아이디 사용 시 교육 전용 ZEP EDU로 접속 가능하다.
× + Z https://zep.us/play/8LB0Yj|	**3. 공유된 링크로 접속하기** 공유된 링크로 접속하면 로그인 없이 이름만 입력하여 접속이 가능하다.

4. 스페이스 안에서 이동하기

스페이스로 접속하였다면 방향키를 이용하여
캐릭터를 움직일 수 있다.

5. 캐릭터와 상호작용하기

캐릭터와 가까워지면 창이 뜨며 얼굴을
보는 것과 대화가 가능하다. 창을 클릭하면
상대방을 크게 볼 수 있다.

6. 비디오, 오디오 관리

맨 아래 카메라, 마이크 모양을 클릭하여
오디오와 영상을 끄거나 켤 수 있다.

7. 화면 공유

모니터 모양을 누르면 화면을 공유하여 함께
볼 수 있다. '시스템 오디오 공유'를 체크하면
소리까지 함께 공유된다.

8. 플레이어 확인하기

사람 모양과 숫자를 누르면 현재 접속 인원과 캐릭터를 확인할 수 있다. 이름을 클릭하면 '메시지 보내기, 알림 주기, 옷 따라입기, 따라가기' 등의 기능을 활용할 수 있다.

9. 프로필 설정

오른쪽 위 사람 모양을 누르면 '아바타 꾸미기'에 들어가 프로필 변경이 가능하다. 랜덤 아바타 설정도 가능하다.

10. 미디어 추가

채팅창 아래 미디어 추가 기능으로 '유튜브, 이미지, 파일' 등 여러 가지를 공유할 수 있다.

Express 〈 쉽게 표현하기 〉

메타버스 ZEP은 네이버 웨일 스페이스로 가입하면 쉽게 활용이 가능하며, 방향키를 활용하여 조작합니다. 아바타도 바꿀 수 있고, 화면 공유를 통해 다양한 활동이 가능합니다.

Test 〈 개념 확인 〉

메타버스 ZEP 이용방법에 대한 설명입니다. 보기 중 알맞은 낱말을 골라 (   )에 넣어 봅시다.

> 방향키 / 화면 공유 / 아바타 / 미디어 추가 / 비디오 / 오디오 / 캐릭터 / 링크

공유된 (   )로 접속하면 가입 없이 접속이 가능합니다. 본격적으로 ZEP에 접속하기 위해서는 본인의 (   )를 생성해야 합니다. ZEP 스페이스에 접속하였다면 (   )를 활용하여 조작합니다. 화면의 모니터 모양을 선택하면 (   )를 하여 접속한 사람들에게 화면을 공유할 수 있습니다. 채팅창 아래 + 버튼은 (   ) 기능으로 유튜브 영상, 게임 등 여러 가지를 공유할 수 있습니다.

정답: 링크, 아바타, 방향키, 화면 공유, 미디어 추가

Act 〈 창의적 활동 〉

메타버스 교실에 입장하여 친구와 이야기를 나누어 봅시다.

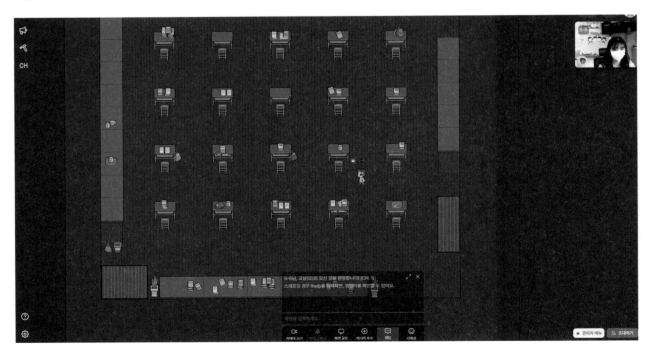

04 ZEP을 알아볼까요? (2)

무엇을 알아볼까요? 메타버스 ZEP을 구성하는 방법을 알아봅시다.

메타버스 ZEP을 구성하는 방법을 알아봅시다.

1. 스페이스 생성하기

로그인을 한 후,
오른쪽 상단의 '나의 스페이스'를 클릭하고,
'스페이스 만들기'를 클릭한다.

2. 템플릿 고르기

목적에 맞는 공간이 있다면 수정하여 사용할
수 있다. 빈 공간에서 처음부터 시작하고
싶다면 '빈 맵에서 시작하기'를 선택한다.

3. 스페이스 설정하기

스페이스의 이름을 정하고 비밀번호를 설정
한다. 비밀번호가 꼭 필요하지 않다면 설정하
지 않아도 된다.

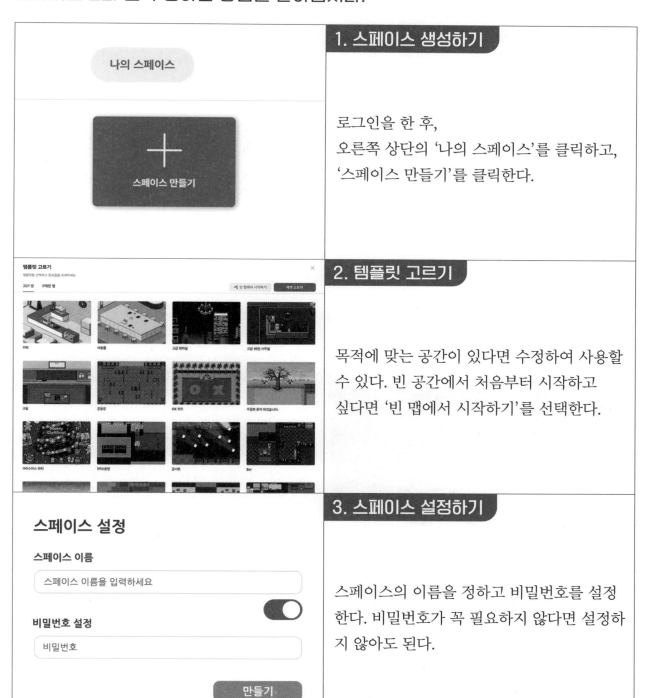

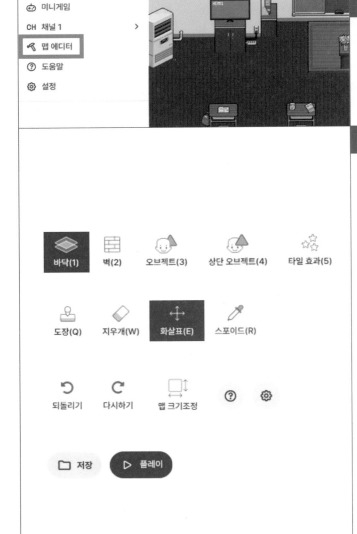

4. 맵에디터 들어가기

스페이스 화면 왼쪽 망치 모양 '맵 에디터'를 클릭하면 맵 구성이 가능한 맵 에디터 창이 켜진다.

5. 상단메뉴

바닥, 벽, 오브젝트, 상단 오브젝트, 타일효과 중 하나를 클릭한다.
그 후 도장, 지우개, 화살표, 스포이드 중 하나를 클릭한다.

도장은 맵에 바닥, 벽, 오브젝트, 상단 오브젝트, 타일효과를 각각 배치할 수 있다.

지우개는 맵에 배치한 것을 지울 수 있다.

화살표는 전체 맵을 움직여 볼 수 있다.

스포이드는 원하는 오브젝트를 복사하여 배치할 수 있다.

오른쪽 위에 저장을 누르고 플레이를 누르면 실제 맵이 만들어 진 것을 볼 수 있다.

6. 벽과 바닥 꾸미기, 맵 크기 수정

바닥은 맵에디터에 있는 모양을 한 칸씩 채워서 만든다. 이미지 파일을 업로드하여 배경화면으로 설정하는 것도 가능하다.

벽은 설치하면 아바타가 지나갈 수 없다.

맵 크기 조정은 맵의 전체 크기를 변화할 수 있다. 이 탭에서는 만들었던 맵을 초기화할 수도 있다.

7. 오브젝트 넣기

오브젝트

기존 오브젝트

오브젝트 업로드하기

텍스트 오브젝트

크기조절

| 100% | 100% |
| Offset X | Offset Y |

스페이스에 필요에 따라 오브젝트를 넣을 수 있다. 가지고 있는 이미지를 활용하여 만든 오브젝트도 업로드가 가능하다. 또 텍스트 오브젝트로 원하는 문장을 넣어 표현할 수 있다.

8. 타일효과

타일 효과

아바타 이동

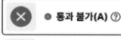 ● 통과 불가(A) ⑦

● 스폰(S) ⑦

포털

● 포털(D)

○ 지정 영역(F)

비디오·오디오 설정

● 프라이빗 공간(Z)

● 스포트라이트(X) ⑦

미디어

● 유튜브(C)

● 웹 링크(V)

● 배경 음악(B)

• 통과 불가: 벽이나 오브젝트를 아바타가 통과하지 못하게 하여 실재감을 살린다.

• 스폰: 아바타가 입장하였을 때 처음 위치하는 곳이 된다.

• 포털: 설정해놓은 다른 맵으로 이동하는 통로가 된다.

• 지정 영역: 포털을 통해 나오면 지정 영역으로 이동한다.

• 프라이빗 공간: 영역을 설정해두면 안에 들어온 아바타끼리만 음성, 영상 소통이 가능하다.

• 스포트라이트: 설정해놓은 영역에 위치한 아바타는 비디오, 오디오가 모두에게 공개된다.

• 유튜브, 웹 링크, 배경 음악: 타일에 링크를 설정하여 자동으로 재생되거나 팝업이 열리게 할 수 있다.

9. 새 맵 추가하여 연결하기

맵에디터에서 '새 맵 추가하기'를 클릭하면 새로운 맵을 생성하고 포털 타일효과를 활용하여 연결할 수 있다. 그렇게 공간을 확장하여 구성한다.

Express 쉽게 표현하기

ZEP에서 공간을 구성하려면?

스페이스 만들기 ▶ 템플릿 고르기 ▶ 스페이스 설정하기 ▶ 맵에디터 들어가기 ▶ 벽과 바닥 꾸미기 ▶ 맵 크기 수정하기 ▶ 오브젝트 넣기 ▶타일효과 순서로 구성하면 좋습니다. 혹시 새로운 맵을 추가하여 연결하고 싶다면 포털효과로 연결할 수 있습니다.

ZEP 구성방법 마인드맵 그리기

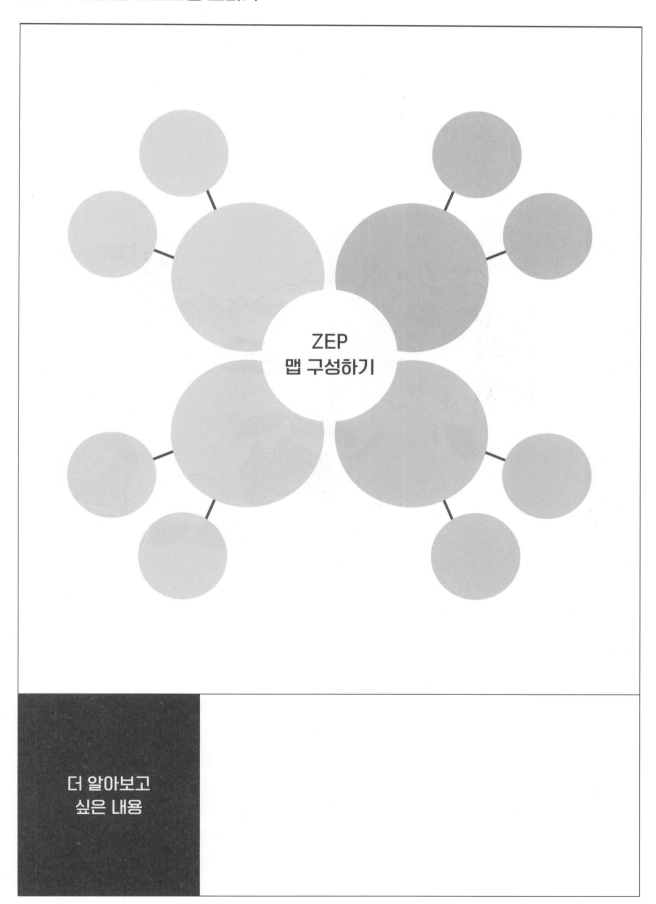

ZEP
맵 구성하기

더 알아보고
싶은 내용

나만의 메타버스를 만들어 봅시다.

예시 <스페이스 구상하기>

그림	
설명	각 나라별 옷과 음식을 디자인하여 넣는다. 국기도 디자인하여 각 나라별 특성이 드러나도록 국기도 함께 꾸민다. 각 나라의 의상을 클릭하면 의상 관련 안내 사이트가 나오고, 음식을 클릭하면 음식을 만드는 법에 대해 나온다.

<스페이스 구상하기>

그림	
설명	

메타버스 ZEP 구상 계획서 1

주제	(예시) 메타버스 세계 여행하기
공간 구성	(예시) 세계지도 배경화면, 새로운 맵에 각 대륙방 꾸미기
활동 구성	(예시) 구글 프레젠테이션 연결하여 각 나라에 대한 소개, 구글 설문 연결하여 곳곳에 퀴즈 숨기기
접속 인원 참여 방법	(예시) 구글 설문 문제 풀기, 페들렛에 소감 남기기, 스크린샷으로 인증사진 남기기

주제	(예시) 메타버스 세계 여행하기
공간 구성	(예시) 세계지도 배경화면, 새로운 맵에 각 대륙방 꾸미기
활동 구성	(예시) 구글 프레젠테이션 연결하여 각 나라에 대한 소개, 구글 설문 연결하여 곳곳에 퀴즈 숨기기
접속 인원 참여 방법	(예시) 구글 설문 문제 풀기, 페들렛에 소감 남기기, 스크린샷으로 인증사진 남기기

무엇을 알아볼까요?   메타버스 관련 직업을 알아봅시다.

Meet 개념 만나기

메타버스 관련 직업을 알아봅시다.

메타버스 플랫폼 기획자는 메타버스 플랫폼을 설계하고 서비스를 기획하는 직업이에요. 제페토, 이프랜드, ZEP과 같이 사람들이 사용할 메타버스 플랫폼을 만드는 역할을 해요. 함께 공부하는 메타버스 플랫폼, 함께 일하는 메타버스 플랫폼같이 주제를 가지고 메타버스 플랫폼을 만들 수 있어요.

메타버스 콘텐츠 크리에이터는 메타버스에서 활용되는 이미지, 영상, 맵 등을 개발하고 배포하는 직업이에요. 메타버스 안에 들어가는 다양한 콘텐츠들을 만드는 역할을 해요. 메타버스 안에 들어가는 콘텐츠를 개발하여 메타버스 세계를 더욱 풍성하게 해 주어요.

Metaverse

VR, AR 전문가는 메타버스에서 활용할 수 있는 VR, AR 기기를 개발하고 적용하는 직업이에요. VR은 가상현실로 VR 기기를 착용하면 실제 세계처럼 입체적인 세계를 볼 수 있는 기술이에요. AR은 증강현실로 실제 현실세계에 가상세계가 합쳐져서 보이는 기술이에요. VR과 AR에 활용할 콘텐츠를 개발하고, 기기도 함께 개발하는 역할을 해요.

아바타 디자이너는 메타버스에서 나를 표현하는 아바타를 디자인하거나 아바타가 입는 옷이나 신발을 디자인하는 직업이에요. 패션 브랜드 업체와 협업해서 해당 브랜드의 물건을 아바타를 통해 홍보하는 역할도 해요. 아바타의 얼굴이나 몸 등을 디자인하기도 하고, 다양한 패션 아이템을 디자인하기도 해요.

1. **메타버스 플랫폼 기획자**
   메타버스 플랫폼을 설계하고 서비스를 기획하는 직업

2. **메타버스 콘텐츠 크리에이터**
   메타버스에서 활용되는 이미지, 영상, 맵 등을 개발하고 배포하는 직업

3. **VR, AR전문가**
   메타버스에서 활용할 수 있는 VR, AR 기기를 개발하고 콘텐츠를 만드는 직업

4. **아바타 디자이너**
   메타버스에서 나를 표현하는 아바타를 디자인하거나 아바타가 입는 옷이나 신발을
   디자인하는 직업

Test 개념 확인

메타버스 관련 직업과 그 직업이 하는 일로 적절한 것을 연결해 봅시다.

 **메타버스 플랫폼 기획자** •

• 메타버스에서 활용할 수 있는 AR, VR 기기와 콘텐츠를 개발한다.

 **메타버스 콘텐츠 크리에이터** •

• 메타버스 플랫폼을 설계하고 서비스를 기획한다.

 **VR, AR 전문가** •

• 메타버스에서 활용되는 이미지, 영상, 맵 등을 개발하고 배포한다.

 **아바타 디자이너** •

• 메타버스에서 나를 표현하는 아바타를 디자인하거나 아바타의 옷이나 신발을 디자인한다.

내가 메타버스 플랫폼 기획자가 된다면 어떻게 꾸밀지 메타버스 플랫폼을 생각해 봅시다.

넣고 싶은 기능	예) 메타버스에서 만나 아바타로 함께 드라마, 영화를 찍을 수 있는 기능
주로 활용되는 콘텐츠	예) 영상(웹드라마 혹은 영화)
활용할 수 있는 VR, AR 기기	예) 나의 행동을 아바타로 구현하는 VR 기능, 영상을 감상할 때 실재감이 들도록 하는 AR 기능
아바타 표현 방식	예) 관중: 2D, 출연진: 3D

<부록> 만들기 자료

① 내가 만들고 싶은
가상세계를 종이에
그립니다.
위쪽은 벽이 되고,
아래쪽은 바닥입니다.

② 아래 양쪽을
잘 풀칠해서 붙입니다.
가운데 공간에
나를 더 꾸밉니다.

③ 오른쪽 종이에
나만의 아바타도 만들어
세웁니다.

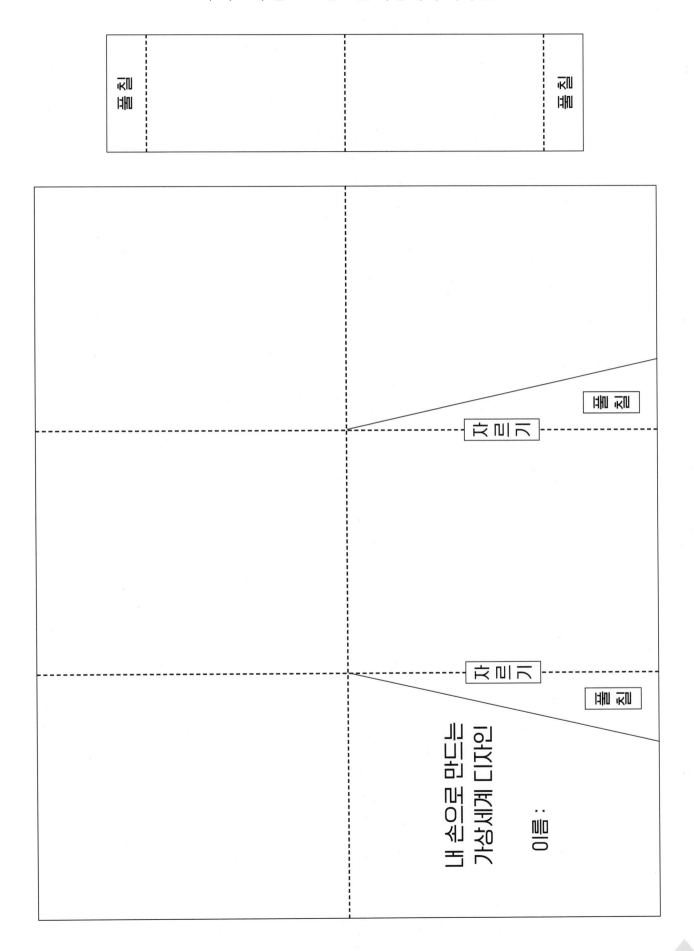

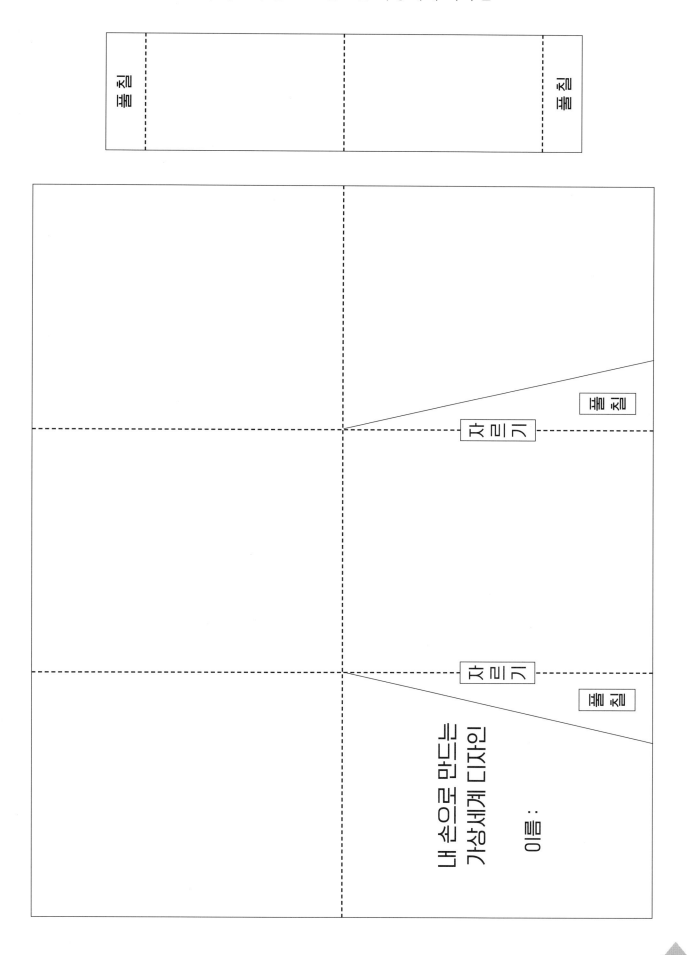